BEI GRIN MACHT SICH IHR
WISSEN BEZAHLT

Bibliografische Information der Deutschen Nationalbibliothek:

Die Deutsche Bibliothek verzeichnet diese Publikation in der Deutschen National-
bibliografie; detaillierte bibliografische Daten sind im Internet über http://dnb.d-
nb.de/ abrufbar.

Impressum:

Copyright © 2016 GRIN Verlag, Open Publishing GmbH
Druck und Bindung: Books on Demand GmbH, Norderstedt Germany
ISBN: 9783668327481

Dieses Buch bei GRIN:

http://www.grin.com/de/e-book/342735/rechtliche-aspekte-des-e-mail-marketings

Anonym

Aus der Reihe: e-fellows.net stipendiaten-wissen

e-fellows.net (Hrsg.)

Band 2168

Rechtliche Aspekte des E-Mail-Marketings

GRIN Verlag

GRIN - Your knowledge has value

Der GRIN Verlag publiziert seit 1998 wissenschaftliche Arbeiten von Studenten, Hochschullehrern und anderen Akademikern als eBook und gedrucktes Buch. Die Verlagswebsite www.grin.com ist die ideale Plattform zur Veröffentlichung von Hausarbeiten, Abschlussarbeiten, wissenschaftlichen Aufsätzen, Dissertationen und Fachbüchern.

Besuchen Sie uns im Internet:

http://www.grin.com/

http://www.facebook.com/grincom

http://www.twitter.com/grin_com

Rechtliche Aspekte des E-Mail-Marketing

30. Mai 2016

Inhaltsverzeichnis

Abkürzungsverzeichnis

Abs.	Absatz
AGB	Allgemeine Geschäftsbedingungen
Art.	Artikel
Az	Aktenzeichen
BDSG	Bundesdatenschutzgesetz
BGB	Bürgerliches Gesetzbuch
BGH	Bundesgerichtshof
E-Mail	electronic-mail
GG	Grundsetzen
i. R. d.	im Rahmen der
i. V. m.	in Verbindung mit
OLG	Oberlandesgerichtshof
TMG	Telemediengesetz
u. a.	unter anderem
UWG	Gesetz gegen den unlauteren Wettbewerb
z.B.	zum Beispiel

1 Einleitung

Das „Word Wide Web" wird immer beliebter und bedeutender. 2015 benutzen über drei Milliarden Menschen weltweit das Internet. 2008 war es noch knapp die Hälfte.[1] Auch in Zukunft wird die Zahl der Internetnutzer steigen, weshalb Unternehmen immer mehr digitales Marketing anweden, um attraktiv und präsent zu sein. Ein elementarer Bestandteil des Online-Marketings ist dabei das E-Mail-Marketing, denn mit steigenden Internetnutzern vermehrt sich auch die Anzahl der E-Mail Nutzer und Accounts. Vor allem Start Up Unternehmen genießen die Vorteile des E-Mail-Marketing. „Für jeden in E-Mail-Marketing investierten Euro kommt durchschnittlich der vierfache Ertrag zurück."[2] Dies verdeutlicht nochmals den hohen Stellenwert des E-Mail-Marketings i. R. d. Marketinginstrumente. Aus informativen E-Mails werden jedoch schnell sogenannte „Spam-Mails", die auf keine große Freude bei den Empfängern stoßen, weshalb der Gesetzgeber strenge rechtliche Vorschriften beim E-Mail-Marketing reglementierte.

Die folgende Arbeit beschäftigt sich mit den juristischen Aspekten des E-Mail-Marketings. Zu Beginn wird zunächst das E-Mail-Marketing mit seinen verschiedenen Arten und betriebswirtschaftlichen Vorteilen erläutert. Anschließend wird auf die gesetzlichen Anforderungen an die Einwilligung und auf die Folgen bei Rechtsverstößen eingegangen. Daraufhin wird

---

[1] Vgl. Internet Live Stats (2014); abgerufen am 05.05.2016 über statista.com
[2] Solmecke; Kocatepe (2016), S. 59

dargestellt, wie der Inhalt einer E-Mail rechtssicher zu gestalten ist und abschließend wird das E-Mail-Marketing beurteilt.

2 Definition

Das E-Mail-Marketing gehört zu den neuen Medien und ist eine Form des Direktmarketings. Kunden werden heutzutage von Informationen überhäuft, weshalb in einen individuellen Dialog mit ihnen getreten werden sollte.[3] E-Mail-Marketing wird eingesetzt, um Kunden über neue Produkte und Informationen rund um das Unternehmen aufmerksam zu machen.

Aus betriebswirtschaftlicher Sicht ist der Einsatz von E-Mail-Marketing äußerst sinnvoll, vorausgesetzt der E-Mail Versand erfolgt mit Bedacht und in Maßen. Es ist möglich in Sekundenschnelle, aktuelle Informationen an eine Vielzahl an Empfänger, kostengünstig zu verschicken. Zudem ist der Erfolg von E-Mail-Kampagnen sehr gut messbar. In der heutigen Zeit ist der Kundenkontakt ausschlaggebend, um sich von der Konkurrenz abzuheben. Durch E-Mails ist es möglich, regelmäßig mit dem Kunden in Kontakt zu stehen und diesen an das Unternehmen zu binden. Es wird schnell deutlich, weshalb der Einsatz von E-Mail-Marketing immer wichtiger wird, jedoch kann sich der Kunde aufgrund der vielen werbenden Mails schnell belästigt fühlen, weshalb für erfolgreiches E-Mail-Marketing einige Richtlinien einzuhalten sind, die im Verlauf der Arbeit dargestellt werden.

---

[3] Vgl. Schwertfeger (2014), S. 9

Die bekannteste und wahrscheinlich wichtigste Form ist der Newsletter, der regelmäßig an einen gesamten Verteiler versendet wird. Primäres Ziel ist dabei die Kundenbindung. Meistens besteht der Newsletter aus kurzen Inhaltsblöcken, die wiederum einen weiterführenden Link enthalten. Daneben gibt es auch Stand-Alone-Kampagnen, auch E-Mailings genannt. Im Rahmen von Stand-Alone-Kampagnen wird eine begrenzte Anzahl von E-Mails oder auch nur eine einzige E-Mail zu besonderen Anlässen an den Verteiler geschickt. Eine Stand-Alone-Kampagne ist immer auf einen festen Zeitraum begrenzt und fokussiert sich auf ein bestimmtes Thema, wie beispielsweise auf eine Sonderaktion. Daneben gibt es u. a. noch die Varianten Trigger-Mails, deren Versand automatisiert ausgelöst wird, wenn ein vorab bestimmtes Event eintritt und Transaction-Mails, die vom Leser selber durch eine Aktion verschickt wird z. B. wird nach dem Kauf eine Kaufbestätigung versendet, die der Empfänger auch erwartet.[4] Auf die juristischen Anforderungen der letzteren Arten, wird im Folgenden nicht näher eingegangen.

---

[4] Vgl. Lammenett (2015), S. 82 ff.

3 Einwilligung

3.1 Gesetzliche Grundlagen

Zunächst stellt sich die Frage, welche Arten von E-Mails rechtliche Relevanz haben. Entscheidend ist hierbei der Marketingaspekt der E-Mail. Im Gesetz ist nicht genau definiert, was unter „Werbung" zu verstehen ist. Nach den europäischen Richtlinien ist der Marketingaspekt gegeben, wenn das Unternehmen versucht, den Absatz von Waren und Dienstleistungen zu fördern oder den Kunden regelmäßig über das Unternehmen zu informieren, mit dem Ziel, ihn zum Kauf zu animieren.[5]

Generell dürfen Absender nur dann Werbe-Mails versenden, wenn der Empfänger dem Versender eine explizite Einwilligung (Opt-In) gegeben haben. Aus dem Gesetz gegen den unlauteren Wettbewerb (UWG), dem Bürgerlichen Gesetzbuch (BGB), dem Bundesdatenschutzgesetz (BDSG) und dem Telemediengesetz (TMG) ergibt sich, dass die Werbung per E-Mail eines ausdrücklichen Einverständnisses bedarf, da ansonsten in verschiedene Rechtspositionen eingegriffen wird.

Nach § 7 Abs. 2 UWG stellt bei Werbung unter Verwendung elektronischer Post, ohne dass eine vorherige ausdrückliche Einwilligung des Adressaten vorliegt, eine wettbewerbswidrige unzumutbare Belästigung dar. Auch nachdem BGB ist es verboten, werbende E-Mails ohne eine Einwilligung zu versenden,

---

[5] Vgl. Solmecke; Kocatepe (2016), S. 60

so nach dem BGH 09/04. Nach Art. 2 Abs.1 GG i. V. m. Art. 1 Abs. 1 GG stellt eine nicht eingewilligte Werbung ein Eingriff in das Persönlichkeitsrecht dar. Daneben spielt auch das Datenschutzrecht eine große Rolle. „Personenbezogene Daten dürfen grundsätzlich nur erhoben, verarbeitet und gespeichert werden, wenn dies das Gesetz ausdrücklich zulässt oder eine Einwilligung des betroffenen vorliegt."[6]

3.2 Anforderungen an die rechtssichere Einwilligung

3.2.1 Ausdrückliche Einwilligung

Wie bereits erwähnt, ist für den Versand von Werbe-E-Mails eine ausdrückliche Einwilligung notwendig, unabhängig davon, ob der Empfänger ein Unternehmer oder Verbraucher ist. Kann die E-Mail-Adresse eindeutig einer Person (Inhaber der Adresse) zugeordnet werden, bedarf es die Einwilligung genau dieser Person. Gehört die E-Mail-Adresse jedoch einem Unternehmen, muss die Einwilligung von einem Vertretungsberechtigten erteilt werden, wie etwa vom Unternehmensinhaber, Vorstand etc. Damit eine wirksame Einwilligung vorliegt, muss für den Empfänger deutlich erkennbar sein, von welchem Unternehmen und für welche konkrete Zwecke seine Daten verwendet werden (§ 4a Abs.1 Satz 2 BDSG). Soll Die Einwilligung gegenüber mehreren Unternehmen abgegeben werden,

---

[6] Schirmbacher (2011), S. 310 ff., siehe auch § 4 BDSG

müssen aus Datenschutzgründen alle einzelnen „Partnerunternehmen" namentlich aufgelistet werden. Dasselbe gilt für Unternehmen eines Konzerns. Soll die Einwilligung nicht nur gegenüber dem Mutterunternehmen wirksam sein, müssen die Tochterunternehmen ebenfalls namentlich benannt werden.[7]

Die Einwilligung muss nach § 7 Abs. 2 Nr. 3 UWG vom Einwilligenden ausdrücklich erklärt werden, d. h. die Einwilligung muss ohne Zwang und in Kenntnis der Sachlage erfolgen. Die Einwilligung ist ausdrücklich, wenn sie bewusst abgegeben wird. Hier wird deutlich, dass es unzureichend ist die Einwilligung in die AGB´s zu integrieren. Der BGH hat festgehalten, dass eine Einwilligungsklausel in den AGB eine unangemessene Benachteiligung des Vertragspartners darstellt und somit keine wirksame Einwilligung vorliegt (BGH 09/07). Die Einwilligung muss freiwillig und kann immer nur gesondert für den konkreten Zweck bzw. gegenüber dem konkret genannten Unternehmen erklärt werden. Eine rechtlich wirksame Einwilligung setzt zudem eine Aktion des Interessenten voraus. Ein aktives Tun ist z.B. elektronisch durch ein Ankreuzkästchen bei Gewinnspielaktionen oder schriftlich durch eine Unterschrift gegeben. Darüber hinaus muss die Einwilligung separat, d. h. von allen anderen Zustimmungen losgelöst eingeholt werden.[8] Zudem sollte nach § 13 Abs. 6 TMG der Interessent, z. B. einen Newsletter-Dienst, anonym nutzen können. Es dürfen nur

---

[7] Vgl. Solmecke, Kocatepe (2016), S. 65
[8] Vgl. Schwarz (2009), S. 49

so wenige persönliche Daten, wie nötig erhoben werden („Datensparsamkeit").

3.2.2 Verfahren der Einwilligungseinholung

Dem Absender stehen verschiedene Varianten zur Einholung der Einwilligung zur Verfügung. Grundsätzlich sind gem. § 4a Abs. 1 S. 3 BDSG Einwilligungen schriftlich zu erteilen. Wird also die Einwilligung beispielsweise per Post eingefordert, ist eine handschriftliche Unterschrift des Einwilligenden nötig. Nach dem BGH-Urteil vom 11. März 2004 (Az. I ZR 81/01) trägt der Versender im Zweifelsfall über die Zulässigkeit der Zusendung der Werbe-Mail die Beweispflicht. Deshalb ist das unterschriebene Dokument aufzubewahren.

Natürlich können Einwilligungen auch online erteilt werden. Im TMG sind die formalen Anforderungen an die elektronische Einwilligung festgelegt.

Gem. § 13 Abs. 2, 3 TMG kann die Einwilligung elektronisch erteilt werden, wenn

- der Nutzer bewusst und deutlich einwilligt
- die Einwilligung protokolliert wird,
- der Nutzer den Inhalt der Einwilligung jederzeit abrufen kann und
- der Nutzer die Einwilligung jederzeit mit Wirkung für die Zukunft widerrufen kann.

Bei der elektronischen Einwilligung wird oftmals noch das rechtlich unzulässige "Opt-out-Verfahren" verwendet. Hierbei wird die Einwilligung nicht ausdrücklich erteilt, da ein aktives Tun fehlt und somit zur Unwirksamkeit der Einwilligung führt. Der E-Mail-Versender geht vornherein von einer Einwilligung aus. Der Empfänger kann die Einwilligung verweigern, in dem er ein bereits gesetztes Häkchen entfernen muss oder in einer separaten E-Mail die Einwilligung durch einen Klick auf einen Link wieder abbestellen muss.

Bei dem sogenannten Single-Opt-in Verfahren ("einfache Einwilligung), muss der Inhaber beispielsweise auf der Homepage des Unternehmens aktiv seine E-Mail-Adresse in ein leeres Feld eintragen, wenn er mit dem Erhalt von Werbe-Mails einverstanden ist. Erhält der Interessent im Anschluss an die Registrierung zusätzlich eine Bestätigungs-Mail durch den Anbieter, so spricht man von einem Confirmed-Opt-in. Grundsätzlich ist die Einwilligung beider Verfahren wirksam. Aufgrund der Missbrauchsgefahr und der Beweispflicht für den Versender, sind auch diese Verfahren nicht zu empfehlen. Im Streitfall kann der Absender nicht beweisen, dass der tatsächliche Inhaber der E-Mail-Adresse die Einwilligung abgegeben hat.

Um die Identität des Empfängers rechtssicher nachweisen zu können, sollte das Double-Opt-in Verfahren verwendet werden. Bei diesem zweistufigen-Anmeldeverfahren trägt der Empfänger zunächst seine Email-Adresse auf der Website des Versenders ein. Im zweiten Schritt wird eine Bestätigungsmail bzw. Check-Mail versendet. Nur wenn der Empfänger auf diese Check-Mail reagiert und dem Aktivierungslink folgt, werden Werbe-Emails an die angegebene E-Mail-Adresse versendet. Wichtig ist, dass die Aktivierungsmail keinerlei Werbung beinhalten darf.[9]

3.2.3 Geltungsdauer der Einwilligung

Die Nutzung der E-Mail-Adresse sollte regelmäßig zeitnah erfolgen, da die einmal abgegebene Erklärung nach Ansicht einiger Gerichte ein „Verfallsdatum" hat. Soweit also Datennutzung und Einwilligung zeitlich weit auseinanderliegen, kann nicht mehr von der ursprünglichen Einwilligung ausgegangen werden. Wann genau die Geltungsdauer endet, ist allerdings nicht feststehend und immer eine Frage des Einzelfalls.[10]

3.2.4 Generieren von E-Mail-Adressen
3.2.4.1 Kauf von E-Mail-Adressen

Auf verschiedenen Plattformen wird der Zukauf von fremden E-Mail-Adressen angeboten. Hierbei ist erhöhte Vorsicht geboten. Ankäufer von E-Mail-Adressen dürfen sich nicht mit einer allgemein gehaltenen Zusicherung des Verkäufers, dass für alle Adressen eine gültige Einwilligung vorliegt, genügen (OLG Düsseldorf 09/16). Neben der Gesellschaft haftet jener persönlich auf Unterlassung, denn bei der Übernahme des Adressbestandes oder spätestens beim Versenden von Werbe-

---

[9] Vgl. Schirmbacher (2011), S. 315 ff.
[10] Vgl. Neuber (2015), S. 11

E-Mails, muss der Käufer die angeblichen Werbeeinwilligungen gegenüber Dritte überprüfen. Auch aus datenschutzrechtlichen Gründen, muss für die Speicherung und Übermittlung der E-Mail-Adressen eine Einwilligung vom Betroffenen vorliegen (§§ 28 Abs. 3 S. 1, 29 Abs. 1 S.2 BDSG).[11]

3.2.4.2 Gewinnspiele

Eine weitere Möglichkeit, E-Mail-Adressen für Werbezwecke zu generieren, ist, die Einwilligung in E-Mail-Werbung bei der Teilnahme an Gewinnspielen einzuholen. Wichtig ist, dass der Teilnehmer erkennen muss, an wen und für welche Zwecke seine Daten übermittelt werden. Damit eine nach § 7 Abs. 2 Nr. 3 UWG ausdrückliche Einwilligung vorliegt, darf sie nicht in den Teilnahmebedingungen versteckt werden. Der Teilnehmer muss seine Einwilligung gesondert erteilen. Auch hier muss die Einwilligungsklausel so gestaltet sein, dass der Kunde aktiv etwas tun muss.[12]

3.2.5 Sonderfälle

In bestimmten Fällen kann von einer ausdrücklichen Einwilligung abgesehen werden. Nach § 7 Abs. 3 UWG ist eine unzumutbare Belästigung nicht anzunehmen, wenn

- der Versender die E-Mailadresse von dem Empfänger selbst im Zusammenhang mit dem Verkauf einer Ware

---

[11] Vgl. Schirmbacher (2011), S. 354 ff.
[12] Vgl. Schirmbacher (2011), S. 349 ff.

oder Dienstleistung erhalten hat. Beispiele: Bestellung in einem Onlineshop, Übergeben einer Visitenkarte mit der E-Mailadresse.

- die E-Mailadresse nur für die Werbung mit ähnlicher Ware oder einer ähnlichen Dienstleistung verwendet wird. Beispiel: Hat der Kunde im Onlineshop Schuhe bestellt, darf an ihn Werbung für ähnliche Waren aus dem Sortiment geschickt werden,[13]
- der Kunde der Zusendung von Werbe-E-Mails nicht widersprochen hat;
- der Kunde bei der Erhebung seiner E-Mailadresse und auch später bei jeder einzelnen Nutzung klar und deutlich darauf hingewiesen wird, dass er der Verwendung jederzeit widersprechen kann.

Bei bestehenden Geschäftsbeziehungen ist unter bestimmten Bedingungen keine ausdrückliche Einwilligung durch den Empfänger erforderlich. Um Bestandskunden ohne explizite Einwilligung werbliche E-Mails senden zu dürfen, müssen die Voraussetzungen nach § 7 Abs. 3 UWG erfüllt sein, auf die jedoch nicht weiter eingegangen wird.

---

[13] Hierbei handelt es sich um eine konkludente Einwilligung. Es liegt keine ausdrückliche Einwilligung vor, sondern eine mutmaßliche. Was hierbei unter „ähnliche" Waren und Dienste fällt, muss im Zweifel der Richter entscheiden.

3.2.6 Folgen bei Rechtsverstößen

Wird gegen die gesetzlichen Vorgaben verstoßen, kann dies zu Unterlassungs- und Schadensersatzansprüchen oder Bußgelder für den Versender führen. Rechtsverstößen können folgende rechtliche und wirtschaftliche Konsequenzen mit sich bringen:

- „Abmahnung durch den Empfänger
  - o Ersatz der Rechtsanwaltskosten des Empfängers
  - o Abgabe einer Unterlassungserklärung mit Verpflichtung zur Vertragsstrafe für erneute Zuwiderhandlung
- Abmahnung von Mitbewerbern oder anderer nach dem UWG klagebefugter Einrichtungen
  - o Ersatz der Rechtsanwaltskosten des Abmahnenden
  - o Abgabe einer Unterlassungserklärung mit Verpflichtung zur Vertragsstrafe für erneute Zuwiderhandlung
- Bußgelder in Höhe von bis zu EUR 300.000,00 wegen Verstoßes gegen das Datenschutzrecht (Ordnungswidrigkeit).
- Reputationsschäden, wenn allgemein bekannt wird, dass unverlangte E-Mail-Werbung an Empfänger versandt wird (Stichwort: „Spam") [...]"[14]

---

[14] Huppertz; Schneider (2014), S. 4 f.

4 Gestaltung des Inhaltes

4.1 Betreff und Absender

Aus dem Betreff der Werbe-Mail muss zum einen der Absender klar zu erkennen sein, zum anderen, dass es sich um eine werbende Nachricht handelt (§ 6 Abs. 2 TMG). In § 7 Abs. 2 Nr. 4 UWG stellt eine Werbe-Mail, neben dem Versand ohne Einwilligung, eine unzumutbare Belästigung dar, wenn

- die Identität des Absenders, in dessen Auftrag die Nachricht übermittelt wird, verschleiert oder verheimlicht wird oder
- gegen § 6 Abs. 1 TMG verstoßen wird oder
- keine gültige Adresse vorhanden ist, an die der Empfänger eine Aufforderung zur Einstellung solcher Nachrichten richten kann.

Versendet der Absender eine E-Mail mit einem Betreff, der den wahren Inhalt verschleiert, kann dies zu einer Abmahnung durch Mitbewerber oder zu Bußgeldstraffe führen (§ 6 Abs. 2 i. i. V. m. § 16 Abs. 1 TMG). Auch ein irreführender Absendername, kann eine Abmahnung oder Bußgeldverhängung zur Folge haben.[15]

---

[15] Vgl. Verband der deutschen Internetwirtschaft e.V. (2014), S. 25, 28

4.2 Impressum

In Deutschland ist es vorgeschrieben, dass jeder geschäftsmä-
ßige Dienst im Internet ein Impressum enthalten muss.[16] Dazu
gehören auch Werbe-Mails, wie beispielsweise Newsletter.
Eine Werbe-Mail sollte gem. § 5 Abs. 1 TMG u.a. folgende
Impressumsangaben umfassen:

„Name und Anschrift des Sitzes des Unternehmens; bei juristischen Personen deren Rechtsform und deren vertretungsberechtigten Personen; gegebenenfalls Angaben zur ständi-
gen Aufsichtsbehörde; gegebenenfalls Angaben zum Handels-
register, Vereinsregister […]; Angabe der Umsatzsteueridenti-
fikationsnummer."[17]

4.3 Abbestellmöglichkeit

Jeder Abonnent hat ein Widerrufsrecht bezüglich seiner Einwilligung, auf das vor Erklärung der Einwilligung hingewiesen
werden muss (§ 13 Abs. 3 TMG, § 28 Abs. 4 BDSG). Gem.
§ 13 Abs. 2,3 TMG kann die Einwilligung elektronisch erteilt
werden, wenn der Anbieter sicherstellt, dass der Nutzer jederzeit seine Einwilligung widerrufen kann. Auch in
§ 7 Abs. 2 Nr. 4 UWG ist geregelt, dass eine Werbe-Mail, bei
der keine gültige Adresse vorhanden ist, an die der Empfänger

---

[16] Wird als Privatperson gehandelt, gilt diese Pflicht nicht.
[17] Solmecke; Kocatepe (2016), S.92

eine Aufforderung zur Einstellung solcher Nachrichten richten kann, eine unzumutbare Belästigung darstellt. Jede E-Mail bedarf also ein Abmelde-Link, der eine einfache Kündigungsmöglichkeit einräumt. Dabei ist zu beachten, dass die Bearbeitung der Abmeldung zeitnah erfolgen muss (§ 28 Abs. 4. S. 1 BDSG). Darüber hinaus sollte keine Kündigungsbestätigung verschickt werden, da diese nach dem Widerruf eine unzumutbare Belästigung darstellen kann.[18]

5 Fazit

Immer mehr Unternehmen benutzen i. R. d. Marketinginstrumente das E-Mail-Marketing. Wie aus der Arbeit ersichtlich wurde, hat der Gesetzgeber strenge Vorschriften eingeführt, die den Empfänger, vor willkürlichen Werbe-Mails, die er nicht erhalten möchte, schützen sollen. Da sogenannte Spam-Mails das Postfach unübersichtlich machen und zudem Viren etc. enthalten können, sind die strengen Regeln berechtigt. Zusammenfassend kann man sagen, dass das E-Mail-Marketing viele betriebswirtschaftliche Vorteile mit sich bringt, aber nur, wenn das Unternehmen die Rechtsvorschriften kennt und einhält.

---

[18] Verband der deutschen Internetwirtschaft e.V. (2014), S. 19 ff.

Literatur- und Quellenverzeichnis

Huppertz; Schneider (2014)
Peter Huppertz; Matthias Schneider: Rechtssicheres E-Mail-Marketing (Leitfaden zum Versand von Werbe-E-Mails)
Online verfügbar unter:
http://www.hlfp.de/dokumente/newsletter/dezernat-it-recht/HLFP-Email-Marketing-Leitfaden_WEB.pdf,
abgerufen am 02.05.2016

Internet Live Stats (2014)
Anzahl der Internetnutzer weltweit
Online verfügbar unter
http://de.statista.com/statistik/daten/studie/186370/umfrage/anzahl-der-internetnutzer-weltweit-zeitreihe/
abgerufen am 05.05.2016

Kulka (2013)
René Kulka: E-Mail Marketing (Das umfassende Praxishandbuch)
1. Auflage, Heidelberg/ München/ Landsberg/ Frechen/ Hamburg: mitp Verlag

Lammenett (2015)
Erwin, Lammenett: Praxiswissen Online-Marketing (Affiliate- und E-Mail-Marketing, Suchmaschinenmarketing, Online-Werbung, Social-Media, Online-PR)
5. Auflage, Wiesbaden: Springer Gabler Verlag

Neuber (2015)
Michael, Neuber: Rechtssicheres E-Mail-Marketing
Bundesverband digitale Wirtschaft e.V. (BVDW)

Schirmbacher (2011)
Martin Schirmbacher: Online-Marketing und Recht
1. Auflage, Heidelberg/ München/ Landsberg/ Frechen/ Hamburg: mitp Verlag

Schwarz (2009)
Torsten, Schwarz: Leitfaden E-Mail Marketing 2.0
1. Auflage, Waghäusel: marketing-BÖRSE GmbH

Schwertfeger (2014)
Mario Schwertfeger: E-Mail-Marketing: Mit Betreffzeilenoptimierung zum Erfolg
Hamburg: Igel Verlag RWS

Solmecke; Kocatepe (2016)

Christian, Solmecke; Sibel, Kocatepe: Recht im Online-Marketing
1. Auflage, Bonn: Rheinwerk Verlag

Verband der deutschen Internetwirtschaft e.V. (2014)

Richtlinie für zulässiges E-Mail Marketing
5. Auflage, online verfügbar unter:
https://certified-senders.eu/wp-content/uploads/2014/03/Marketing-Richtli-
nie.pdf, abgerufen am 14.05.2016